Arabische Interkomprehension. Die Methode der Sieben Siebe zur Erschließung arabischer Dialekte

Stanley Kochem

GRIN

Bibliografische Information der Deutschen Nationalbibliothek:

Die Deutsche Nationalbibliothek verzeichnet diese Publikation in der Deutschen Nationalbibliografie; detaillierte bibliografische Daten sind im Internet über http://dnb.d-nb.de abrufbar.

ISBN: 9783346371577
Dieses Buch ist auch als E-Book erhältlich.

Nymphenburger Straße 86
80636 München

Druck und Bindung: Books on Demand GmbH, Norderstedt Germany
Gedruckt auf säurefreiem Papier aus verantwortungsvollen Quellen

Das Buch bei GRIN: https://www.grin.com/document/999781

Otto-Friedrich-Universität Bamberg

Institut für Orientalistik, Professur für Arabistik

Seminar: Interkomprehensionsdidaktik Arabisch: Theorie und Praxis

Sommersemester 2019

Arabische Interkomprehension – Die *Sieben Siebe* zur Erschließung arabischer Dialekte

Anwendung und Bewertung der Methode anhand eines algerischen Textbeispiels

Stanley Paul Kochem

BA Islamischer Orient, Slavistik, Allg. Sprachwissenschaft

Vertiefungsmodul II

Zur Umschrift:

Zur Transkription der arabischen Begriffe wurde die DMG-Umschrift verwendet. In abweichenden Einzelfällen, etwa bei abweichender Lautentsprechung in Dialekten, wurde die Kristen Brustad verwendete Umschrift aus ihrem Werk *The Syntax of Spoken Arabic* berufen.

Gliederung

1. Einleitung 4
2. Die *Sieben Siebe* – Ein Überblick 4
3. Die *Sieben Siebe* in der Praxis 6

   a. عند الطباخ, في المطعم (*ʿand iṭ-ṭabbāḫ, fī l-maṭʿam*) – Erschließung eines Textbeispiels im algerischen Dialekt 7
   b. Übersetzung (frz.) 14

4. Bewertung und Kritik 14
5. Zusammenfassung – Chancen, Perspektiven, Ausblicke 17
6. Literaturverzeichnis und Internetquellen 19

1. Einleitung

Die Methode der *Sieben Siebe* zur schrittweisen Erschließung und Bestimmung von verschiedenen Sprachen und Dialekten ist in der vergleichenden Sprachwissenschaft ursprünglich aus der Didaktik der romanischen Sprachen (erste Erwähnung durch Horst G. Klein und Tilbert D. Stegmann 2000[1]) bekannt und findet gleichermaßen stimmige Anwendung bei weiteren indoeuropäischen Sprachen und deren Lehrweisen, etwa bei den germanischen (Hufeisen und Marx 2007) und slavischen Sprachen (Tafel 2009).

Im Folgenden möchte ich mich, anhand einer ausführlichen Textanalyse, der Frage widmen, ob diese für indoeuropäische Sprachfamilien konzipierte Methode auf andere Sprachfamilien übertragbar - nämlich innerhalb der semitischen Sprachfamilie zur Bestimmung verschiedener arabischer Dialekte - und überhaupt sinnvoll ist, welche Vor- und Nachteile diese Herangehensweise mit sich führen kann und schließlich, welche weitreichenden Perspektiven und Chancen aus ihr hervorgehen können.

2. Die *Sieben Siebe* in der Theorie – Ein Überblick

Bevor ich mich den *Sieben Sieben* in der Praxis widme, möchte ich einen knappen Überblick über die einzelnen Siebe und deren Inhalte und Ziele (im arabischen Kontext).

Sieb 1: Internationalismen und Panarabismen

Unter Internationalismen fallen jene Wörter, deren Ursprung nicht im Arabischen bzw. Semitischen liegen, sondern in weiteren, zumeist europäischen Sprachen wie etwa Englisch und Französisch und durch Bekanntheit ad hoc zu erkennen und zu verstehen sind (z.B.: „كمبيوتر" *(kumbiyūtir)* für Computer). Panarabismen bezeichnen diejenigen Wörter, die im gesamten Kanon der arabischen Dialekte und der darüber hinaus arabisch-islamisch-orientierten Kulturen und Sprachen, existieren (z.B.: Ar.: „كتاب" (kitāb), Persisch: „كتاب" (ketāb), türkisch: kitap für Buch).

---

[1] http://eurocomgerm.de/ (25.09.19, 13:55 Uhr)

Sieb 2: Funktionswörter

Hierunter fallen fast ausschließlich Präpositionen, welche allgemein oft interdialektal übereinstimmen und schnell erkennbar sind, teilweise jedoch als schwieriger durchschauende Ellisionen fungieren (z. B.: „اشحال“ (*šḥāl*) (s. Sieb 7)).

Sieb 3: Lautentsprechungen

Diese dialektalen Wörter unterscheiden sich lediglich in ihrer Aussprache von ihrem Äquivalent im Hocharabischen und fallen in dieses Sieb, da sie phonetisch transkribiert werden, z. B.: ägyptisch „اتنان“ (*itnēn)* statt Hocharabisch „اثنان“ (*iṯnān*).

Sieb 4: Aussprache und Graphien

Dies beinhaltet jene Begriffe, deren Divergenz zum Hocharabischen, anders als in Sieb 3, nicht schriftlich markiert ist, sondern in der Aussprache liegt. So können sich etwa ein Ägyptisches „قلت له“ und ein Hocharabisches „قلت له“ stark unterscheiden: *ultílū*[2] vs. *qultu lahu.*

Sieb 5: Syntax

Dieses Sieb bezeichnet Satzkonstruktionen, die sich je nach Sprache oder Dialekt unterscheiden, obgleich sie semantisch identisch sind. Ein auffälliges Beispiel ist etwa der sehr unterschiedlich realisierte Ausdruck „ich will“: Hocharabisch „أنا أريد“ (anā urīdu) (Verb), Levantinisch: „بدي“ (biddī) (Nominalkonstruktion), Ägyptisch: „أنا عايز“ (anā ʿāyiz) (Partizip), Marokkanisch: „بغيت“ (bġīt) (Verb im Perfekt).

Sieb 6: Morphosyntax

In diesem Schritt werden die kleinsten Bestandteile der einzelnen Wörter, die Morpheme, untersucht. Diese sind besonders in der Flektion von Verben sichtbar und bedeutungsunterscheidend; so etwa das maghrebinische „ن“, welches die 1. Person Singular im Imperfekt bezeichnet, z. B. „نكتب“ (niktib) – „ich schreibe“.

---

[2] Der Akzent bezeichnet die betonte Silbe

Sieb 7: Radikalanalyse

Dies bezeichnet sehr wohl eine radikale Analyse der Radikale selbst. Dieser letzte, ursprünglich im germanischen, romanischen und slavischen Kontext als Sieb zur Analyse von Prä- und Suffixen genutzte, Schritt ist aufgrund der Inexistenz solcher Silben im arabischen Kontext nicht vonnöten und wird in dieser Arbeit erstmals durch einen Schritt zur Analyse der Wurzelstrukturen ersetzt. Somit werden verwandte Wörter gesucht bzw. der unbekannte Begriff in ein Muster gesetzt, welches die semantische Erschließung erheblich vereinfachen könnte.

Wörter, die nach Anwendung dieser sieben Siebe immer noch nicht zu verstehen sind, müssen schlussendlich nachgeschlagen werden.

3. Die *Sieben Siebe* in der Praxis

Wie eingangs erwähnt, ist die von den Romanisten Horst G. Klein, Tilbert D. Stegmann u. a. entwickelte Methode der *Sieben Siebe* ein Konzept zur Erschließung miteinander verwandter Sprachen und Dialekte, um die Interkomprehension unter Sprechern verschiedener Sprachen und Dialekte innerhalb einer Sprachfamilie zu vereinfachen. Die einzelnen Schritte und Strategien zur Texterschließung sind insofern, als dass die romanischen Sprachen zur umfangreicheren indoeuropäischen Sprachfamilie gehören, ebenso auf weitere Sprachzweige dieser Sprachfamilie und deren Einzelsprachen und Dialekte anwendbar, etwa bzw. v. a. den germanischen und slavischen Sprachen.

Eine Übertragung dieser Methode zur Erschließung von Sprachen und Dialekten fernab der indoeuropäischen Sprachfamilie ist wissenschaftlich noch nicht erfolgt. In diesem Sinne möchte ich mich in diesem Teil anhand eines dialektalen Textbeispiels aus Algerien der praktischen Anwendung der *Sieben Siebe* widmen und diese auf den folgenden Dialog anwenden.

a)

1 عند الطباخ، في المطعم

2 **جوزوا سي** عبد القادر. **اشحال** انتما؟

3 احنا اربعة. ماذا بنا على **طابلة** حذا **الطاقة** مقابلة البحر

4 ما عليه سيدي .هاهي **طابلة سوالمة**. تفضلوا ريحوا. هاهي **الرشاقة**. علقوا فيها **الحوايج** كالبرنوس والخيزرانة.

5 وين **راه** اللافابو **نغسل** يدي؟

6 هاهو **لهيه** على اليمنى. الما سخون وبارد.[3]

1 ʿand iṭ-ṭabbāḫ, fī l-maṭʿam

2 Jawzū sī ʿabd el-qādir. Šḥāl intumā?

3 Iḥnā rbāʿ. mādā binā ʿalā tabla ḥzā ṭ-ṭāqa mqablat el-baḥr.

4 Mā ʿaley sīdī. Hāhīya ṭabla swālma. tfaḍḍlū rayḥū. Hāhīya r-rišāqa. ʿAlqū fīhā l-ḥwāyij ka-l-burnūs w-l-ḫizrāna.

5 Wēn rāh el-lāfābū niġsil yidīya?

6 Hāhūwa lhīh ʿala l-yamnā. El-mā sḫūn w-bārid.[4]

Legende

Einem/r Sprecher/in des Hocharabischen verständlich

Sprecher(inne)n bestimmter nicht-arabischer oder nicht-semitischer Sprachen bekannt bzw. verständlich (meist Englisch oder Französisch)

Noch nicht erschlossen

Wortschatz – Internationalismen und panarabisches Vokabular (Sieb 1):

Ohne Vorkenntnisse über den algerischen Dialekt ist der obige Dialog mehrheitlich verständlich. So sind etwa einige dialektale Eigenheiten gegeben, die allerdings keine semantische Schwierigkeit darstellen: Etwa „على اليمنى“ (*ʿalā l-yamnā*) anstatt von “على اليمين“

[3] Dziri 1970, Band IV, S. 14

[4] Eigen erstellte Transliteration anhand der DMG-Umschrift (https://de.wikipedia.org/wiki/DIN_31635)

(*ʿalā l-yamīn*), die Präposition „حذو“ (*ḥaḏwa*)[5], die im Algerischen „حذا“ (*ḥzā*) lautet, aber trotz geringer Produktivität und engeren Bedeutungsspektrums[6] im Hocharabischen dennoch gleich erkennbar und verständlich ist, oder das allgemein im gesprochenen Arabisch wegfallende Hamza in Endstellung, hier: „الما“ (*al-mā*) statt „الماء“ (*al-māʾ*). Ein Ausdruck wie etwa „رشاقة“ (*rišāqa*) ist im Hocharabischen zwar existent, wird jedoch anderweitig übersetzt (s. Sieb 7) und daher im Folgenden als „nicht erschlossen“ markiert. Eine weitere Eigenheit des Algerischen, die durch den Kontext sofort verständlich ist, aber dennoch zu Verwirrung führen kann, ist das hocharabisch im Dual stehende „انتما“ (*intumā*) (Z.2), welches im vorliegenden Dialekt nebst „انتم“ (*intum*) als 2. Person Plural verwendet wird.[7]

In diesem Beispieldialog ist lediglich ein Fremdwort[8] vorhanden: „اللافابو“ (*al-lāfābū*) vom ursprünglich französischen „lavabo“ abstammend, welches mindestens für Sprecher(innen) maghrebinischen Ursprungs ad hoc verständlich ist.

Funktionswörter (Sieb 2):

1 عند الطباخ , في المطعم

2 **جوزوا سي** عبد القادر. **اشحال** انتما؟

3 احنا اربعة. ماذا بنا على **طابلة** حذا **الطاقة** مقابلة البحر

4 ما عليه سيدي .هاهي **طابلة سوالمة**. تفضلوا ريحوا. هاهي **الرشاقة**. علقوا فيها **الحوايج** كالبرنوس والخيزرانة.

5 وين **راه** اللافابو **نغسل** يدي؟

6 هوهي **لهيه** على اليمنى. الما سخون وبارد.

Legende

Sprecher(inne)n des Hocharabischen verständlich

Sprecher(inne)n bestimmter nicht-arabischer oder nicht-semitischer Sprachen bekannt bzw. verständlich (meist Englisch oder Französisch)

Sprecher(inne)n nicht unmittelbar verwandter Dialekte bekannt bzw. verständlich

[5] https://archive.org/details/Dict_Wehr.pdf/page/n181 (11.10.2019, 13:44 Uhr)
[6] Im Vergleich zu „حذو“ sind für „حذا“ im Algerischen folgende Übersetzungen möglich: https://glosbe.com/arq/en/%D8%AD%D8%B0%D8%A7 (11.10.2019, 13:53 Uhr)
[7] https://orta.pagesperso-orange.fr/arabe/grammaire/dico-grammaire.htm (10.10.19, 00:36 Uhr)
[8] Also ein Wort des nicht arabisch-semitischen Ursprungs

Die einzigen Funktionswörter, die, zumindest schriftlich, keinem *fuṣḥā*-Äquivalent entsprechen, sind „اشحال“ (*šḥāl*), „احنا“ (*iḥnā*) und „وين“(*wīn* oder *wēn*), wobei die letzteren beiden dem hocharabischen „أين“ (*ayna*) bzw. „نحن“ (*naḥnu*) naheliegen und ebenfalls in anderen Dialekten, wie etwa dem Syrischen oder Ägyptischen, vorherrschen. „اشحال“ (šḥāl*)* ist von den benachbarten Dialekten des Algerischen abgesehen unbekannt und wird erst in einem späteren Schritt erschlossen werden können (s. Sieb 7).

Der Ausdruck „ريحوا“ (*rayḥū*) ist analog zur voranstehenden Form „تفضلوا“ (*tafaḍḍalū)* (beide Z. 5), sowie zum anfänglichen „جوزوا“ (*ǧawzū)* (Z. 2), als Höflichkeitsform im Imperativ Plural maskulin zu verstehen, die auf das schwache Verb „راح, يريح“ (*rāḥa, yarīḥu)* (am Abend gehen, gehen, sich wegbegeben[9]) zurückgeht, welches in der Mehrheit der arabischen Dialekte alltäglichen Gebrauch findet, jedoch in der Hochsprache selten verwendet wird. Somit könnte „ريحوا“ im Grunde genommen von einem/r Sprecher/in eines jeden Dialektes zu verstehen sein, allerdings zeigt der Kontext, dass in diesem Fall „gehen“ nicht die sinngemäße Übersetzung sein kann. In der untenstehenden Übersetzung von Larbi Dziri wird der Ausdruck als *s'asseoir* (Z. 4) (sich setzen) widergegeben. Ein solches Ergebnis ist durch die Siebe nicht zu erhalten.

Lautentsprechungen (Sieb 3):

Unter dieses Sieb fallen jene Worte, deren Unterschiede zur *fuṣḥā*-Version lediglich in der Aussprache liegen, und diese, im Gegensatz zu den Beispielen in Sieb 4, bereits in der Schrift markiert wurden. Zu erwähnen wäre hier z. B. das oben erläuterte „وين“ (*wīn/ wēn*) (Z. 5) mit einer Lautentsprechung bzw. -verschiebung von „أي“ (*ay*) auf „وي“ (*wī/wē*), oder etwa „طابلة“ (*ṭābla*) (Z. 3, 4), bei welchem eine Lautverschiebung von „و“ zu „ب“ erfolgte (Hocharabisch: “طاولة“ (*ṭāwila*). Des Weiteren kann hierbei auf Sieb 1 zurückgegriffen werden, da „طابلة“ dem französischen Äquivalent für „Tisch“ – *table* – phonetisch naheliegt und, zwar nicht als Internationalismus bezeichnet, aber dennoch erkannt und verstanden werden kann.

Aussprache und Graphien (Sieb 4):

[9] Wehr 1985, S. 506

Würde der obige Dialog auditiv vorliegen, würde eine Kategorisierung dessen als maghrebinischer Dialekt zweifellos schnell erfolgen. Ein typisches Merkmal bei der Aussprache ist das mehrheitliche Fehlen von Kurzvokalen, da diese in den maghrebinischen Dialekten zumeist als *Sukūn* realisiert werden, so etwa beim Ausdruck „تفضلوا" (*tfaḍḍlū*) im Gegensatz zur *fuṣḥā*-Variante *tafaḍḍalū*. Des Weiteren kann sich ebenfalls die Betonung eines Wortes oder einer Konstruktion vom Hocharabischen unterscheiden: So verschiebt sich z. B. die Betonung in „اربعة" (*árbaʿa*)[10] durch das vorangestellte „احنا" (*iḥnā*) (Z. 3), dessen letzter Laut, so wie der erste von „اربعة", ein Vokal ist, auf die letzte Silbe: Aus „*íḥnā árbaʿa*" (bzw. eigentlich „*náḥnu árbaʿa*") wird folglich „*iḥnarbā*ʿ".

Syntax (Sieb 5):

In diesem Dialog liegt keine Satzstruktur vor, die sich auffällig von ihrer hocharabischen Version unterscheiden würde. Lediglich in Z. 4 benutzt der Sprecher zum Ausdruck seines Wunsches die höfliche Formulierung „ماذا بنا على" (*māḏā binā ʿalā*), die sehr schwierig wortgerecht zu übersetzen ist. Alternativ zu dieser verblosen Konstruktion wären Ausdrücke wie etwa „نحب" (*nḥibbu*) oder „بغينا" (*bġīnā*)[11] dialektal verwendbar bzw. „نريد" (*nurīdu*) oder „نود" (*nawaddu*) als *fuṣḥā*-Pendant dazu.

Sich ebenfalls von einer äquivalenten Formulierung im Hocharabischen unterscheidend ist die Konstruktion „ما عليه" (*mā ʿaley*) (Z. 4), die so wie im obigen Beispiel ein Verb ersetzt. Wörtlicher gehalten etwa mit einer Umschreibung wie „Was, bei ihm ist", oder freier mit „Wie Sie wünschen" zu übersetzen[12], handelt es sich auch hierbei um eine Höflichkeitsfloskel, welche im Hocharabischen (syntaktisch) anders realisiert worden wäre, z. B. mit „كما تريد" (*kamā turīdu*) oder „كما ترجو" (*kamā tarǧū*), aber dennoch verständlich ist.

Morphosyntax (Sieb 6):

Aus dem Kontext wird nach genauerer Betrachtung erkennbar, dass es sich bei „سي" (sī) um eine Kurzform der in Zeile 5 aufgeführten Anrede „سيدي" (*sīdī*) (Hocharabisch *sayyidī*) handelt, deren Verwendung typisch maghrebinisch ist. Ebenfalls durch den Kontext ist es ersichtlich,

---

[10] Der Akzent bezeichnet die betonte Silbe.
[11] https://orta.pagesperso-orange.fr/arabe/dico/V.htm#vo (10.10.19, 11:21 Uhr)
[12] Vergleich zu Dziri: „Bien" (s. Übersetzung)

dass das „ن“ in „نغسل“ (*niġsil*) nicht wie im Hocharabischen der ersten Person Plural zuzuordnen ist, da der Sprecher lediglich von sich selbst spricht. In der Tat unterscheidet sich die Konjugation (zumindest im Imperfekt) morphologisch von jener im Hocharabischen – die äquivalente Form zu „نغسل“ wäre „أغسل“ (*aġsalu*) – somit ist das „ن“ auf „أنا“ (*anā*) zurückzuführen und signalisiert im Algerischen, sowie in den übrigen maghrebinischen Dialekten, die erste Person Singular im Imperfekt.

„راه“ (*rāh*) scheint durch seine Struktur (drei Radikale mit schwachem Vokal an zweiter Stelle), sowie durch die Stellung in der Frage, ein Verb zu sein, womöglich in der dritten Person Singular Perfekt. Eine treffsichere Übersetzung ist hierbei jedoch dennoch lediglich durch den Kontext zu bewältigen, da die Form „راه“ auf den ersten Blick in dieser Radikalreihenfolge im Hocharabischen nicht existent ist und rein morphologisch keinen Hinweis auf ihre Bedeutung „*ist*“ (hocharabisch „يكون“ (*yakūnu*[13])) gibt (s. Sieb 7). Bei genauerer Analyse wird erkennbar, dass „راه“ dem hocharabischen „أراه“ (*arāhu*) entstammt („ich sehe ihn“) und folglich das Alif am Wortanfang (wie im Falle von „أربعة“ (*arba'a*) und „رباع“ (*rbā'*), s. Sieb 4) im Dialekt wegfällt.[14]

Eine ähnliche morphologische Untersuchung, die aber ebenfalls lediglich durch den Kontext semantisch erschlossen werden kann, ist die Form „جوزوا“ (*jawzū*), die, so wie „تفضلوا ريحوا“ in Zeile 5 als Imp. Pl. m. zu verstehen ist (s. Sieb 2), und durch ihre hocharabische Bedeutung „angehen“, „freistehen“[15] nicht eindeutig wird.

Letztmögliche Erschließung durch Erfassung der Radikale (Vorschlag für Sieb 7):

Die letzten Ausdrücke, die nach Anwenden des sechsten Siebes noch nicht erschlossen sind, aber deren Radikalreihenfolge in der Hochsprache existieren, sind „سوالمة“ (swalma) (Z. 4), „طاقة“ (*ṭāqa*) (Z. 3) und „رشاقة“ (*rišāqa*) (Z. 4).

Die hocharabische Übersetzung von „رشاقة“ lautet u. a. „Eleganz“, „Anmut“, „Schlankheit“, während die Radikale „ر“, „ش“ und „ق“ laut Hans Wehr „werfen“, „bewerfen“, „verletzen“[16]

---

[13] Die mit „ist“ gleichzusetzende Form „يكون“ (*yakūnu*) ist im Hocharabischen zwar existent, entspricht aber nicht dem maghrebinischen „راه“ (*rāh*), das um Einiges produktiver ist.
[14] Die semantische Entwicklung vom „Gesehenen“ zum „Sein“ ist durch die Sieben Siebe nicht begründbar und bedarf tiefergehender Nachforschung.
[15] https://www.arabdict.com/en/deutsch-arabisch/%D8%AC%D8%A7%D8%B2 (03.10.19, 12:13 Uhr)
[16] Wehr 1985, S. 474

sich der algerischen Bedeutung des Begriffs bereits um Einiges nähern – dennoch ist der hier erwähnte Kleiderständer (*porte-manteau*, Z. 5) lediglich mithilfe eines Wörterbuchs zu erschließen.

„طاقة" ist allgemein v. a. als „Energie", „Macht", „Kraft" u. ä. gebraucht, trägt allerdings ebenfalls die Bedeutung „Fenster"[17], welche im Algerischen produktiver ist und das in den meisten Dialekten übliche „شباك" (šubbāk) ersetzt. Diese Dichotomie ist auf die ursprüngliche, und heute noch selten verwendete Bedeutung „Bogen" zurückzuführen, welche sich einerseits als Fenster (womöglich mit Bogen), und andererseits als Bewegung, Energie und Kraft entwickelt hat.[18]

Ein weiteres Beispiel für dieses Phänomen ist das durch seine auffällig diptotische Pluralform „حوايج" (*ḥwāyij*) (Z. 4) eben nicht ganz so auffällige „حاجة" *(ḥāja)*, welches im Hocharabischen, je nach Übersetzung, sowohl einen gesunden Plural („حاجات" (*ḥāǧāt*) – Bedürfnis), als auch einen unregelmäßigen („حجج" (*ḥaǧaǧ*) – Bedarf) vorweist.[19] Tatsächlich ist „حاجة" in allen nordafrikanischen Dialekten als „Sache" oder „Ding" im Alltagsvokabular geläufig, weist jedoch je nach Dialekt unterschiedliche Pluralformen auf.

Durch den Kontext sowie die Kongruenz zu „طابلة" (*ṭabla*) („Tisch") ist es eindeutig, dass es sich bei „سوالمة" um ein Adjektiv handelt. Das wohl gängigste Adjektiv, welches aus den drei Radikalen „س", „ل" und „م" hervorgeht, ist „سليم" (*salīm*) – „wohlbehalten", „unversehrt", „intakt", „frei" u. v. m.[20] Somit scheint „سوالمة" eine dialektale Abwandlung von „سليم" zu sein; von Dziri als „convenable", also „angemessen" oder tatsächlich „vernünftig", übersetzt. Dasselbe Schema – „فواعل" (fuwāʿil) – tritt bei „حوايج" (*ḥwāyij*) auf und scheint eine im Algerischen produktive Form, zumindest zur Bildung mancher Adjektive oder bei Pluralformen, zu sein. Die Ursprünge dessen liegen im Sprachwandel.

Jene Wörter bzw. Formen wie „رشاقة" (*rišāqa*), „طاقة" (*ṭāqa*), „سوالمة" (*swalma*), „راه" (*rāh*), „الشحال" (*šḥāl*), „حوايج" (*ḥwāyij*), konnten zwar in einige Siebe eingegliedert, aber mithilfe dieser Methode dennoch nicht korrekt übersetzt werden; einige, da sie im Algerischen einem starken Bedeutungswandel unterlaufen sind, etwa „حوايج" (*ḥwāyij*) (von „Bedarf" zu „Sache" bzw. „Anziehsachen"), oder weil sie fremden Ursprungs – im Fall des Algerischen Dialekts meistens

---

[17] Wehr 1985, S. 793

[18] Zur Erarbeitung dieser semantischen Entwicklung bedarf es wie bei „راه" ebenfalls tiefgehender Nachforschung.

[19] https://www.arabdict.com/de/deutsch-arabisch/حاجة (09.10.19, 19:46 Uhr)

[20] Wehr 1985, S. 592

aus lokalen Berbersprachen – sind und das Wort als solches im Hocharabischen nicht existent ist (in diesem Dialog sind leider keine Beispiele enthalten). Bei „اشحال“ (*šḥāl*), hocharabisch: „كم“ (*kam*) handelt es sich um eine Elision zwischen dem dialektalen „آش“ (*ēš*[21] – Hocharabisch „ماذا“ *mādā* („was“)) und „حال“ (*ḥāl* – „Zustand“, „Lage“ u. a.), deren Übersetzung „wie viel?“ auch durch diese Erkenntnis nicht viel zugänglicher wird. Der letzte unerschlossene Begriff ist „لهيه“ (*lhīh*), welcher allerdings aus dem Kontext verständlich wird. Hierbei handelt es sich mit großer Wahrscheinlichkeit ebenfalls um eine dialektale Ellision, womöglich aus „ل“ *(li)*, Hocharabisch: „إلى“ *(ilā)*, und ein Adverbium des Ortes bzw. der Richtung wie etwa „هناك“ *(hunāka)* in seiner dialektal abgeänderten Version. Folglich ist in diesen Fällen keines der *Sieben Siebe* zielführend – somit kommt man auf folgendes Ergebnis:

1 عند الطباخ , في المطعم

2 **جوزوا** [illegible] عبد القادر. **اشحال** انتما؟

3 احنا اربعة. ماذا بنا على [illegible] حذا **الطاقة** مقابلة البحر

4 ما عليه سيدي .هاهي [illegible] **سوالمة**. تفضلوا ريحوا. هاهي **الرشاقة**. علقوا فيها **الحوايج** كالبرنوس والخيزرانة.

5 وين **راه** اللافابو [illegible]غسل يدي؟

6 هاهو **لهيه** على اليمنى. الما سخون وبارد.

Legende

Sprecher(inne)n des Hocharabischen verständlich

Sprecher(inne)n bestimmter nicht-arabischer oder nicht-semitischer Sprachen bekannt bzw. verständlich (meist Englisch oder Französisch)

Sprecher(inne)n nicht unmittelbar verwandter Dialekte bekannt bzw. verständlich

[illegible]

Noch nicht erschlossen, ohne Weiteres unverständlich

[21] Wobei „آش“ (*ēš) selbst eine Elision von „أي شيء“ (ay šay*), „welche Sache“ ist.

b) Übersetzung (frz.)[22]

1 Chez le restaurateur. Au restaurant.

2 Passez, Sî Abd el-Qâder. Combien êtes-vous?

3 Nous sommes quatre. Nous voudrions avoir une table près de la fenêtre, face à la mer.

4 Bien, monsieur. Voici une table convenable. Donnez-vous la peine de vous asseoir. Voici le porte-manteau. Suspendez-y vos affaires comme le burnous et la canne.

5 Où est le lavabo pour que je me lave les mains?

6 Le voici là-bas à droite. Eau chaude et froide.

4. Bewertung der Anwendung und Kritik an der Methode

Obgleich der obige algerische Dialog, davon abgesehen, dass er für eine/n Sprecher/in des Hocharabischen ohnehin mehrheitlich verständlich ist, durch die Anwendung der *Sieben Siebe* bis auf wenige Wörter erfolgreich erschlossen werden konnte, weist diese Methode dennoch einige Lücken auf.

Die arabische Sprache zeichnet sich durch ihre kaum vergleichbare Form der Diglossie aus; das moderne Hocharabische als die in allen arabischen Ländern erlernte Standardsprache, Schriftsprache und *lingua franca* auf der einen Seite, und der Dialektreichtum auf der anderen Seite. Diese Art der Zweisprachigkeit besteht (aus ideologisch-politischer Sicht (!)) in keiner der etwa germanischen, romanischen oder slavischen Sprachen[23], bei denen die *Sieben Siebe*

[22] Dziri 1970, Band II, S. 13

[23] Gewiss gibt es in den erwähnten Sprachfamilien sowohl einige Regionen, wie z. B. Katalonien, Irland oder die Ukraine, in denen eine Diglossie vorherrscht, als auch Regionen oder Staaten, deren Amtssprache eine hohe Dialektvielfalt aufweist (etwa in Deutschland). Der Unterschied zur Diglossie im arabischsprachigen Raum ist jedoch der, dass dort Sprecher/innen zahlreicher, teilweise sehr unterschiedlicher, Dialekte dieselbe und nur eine einzige, standardisierte, Schriftsprache haben. Allerdings gibt es ebenfalls Regionen, wie etwa die Deutschschweiz, Sizilien u. v. m., die einen sich stark von der Hochsprache unterscheidenden Dialekt aufweisen und wie im Falle der arabischen Diglossie keine Standardisierung oder offizielle Verschriftlichung aufweisen. Die Bezeichnung eines Dialekts als Sprache und dessen Standardisierung sind somit politisch-ideologisch begründet.

üblicherweise angewandt werden, was zu einem Bedarf nach näherer Spezifizierung des 1. Siebes führt: Jemand, der lediglich Hocharabisch spricht, wird ohne Analyse des Textes weniger verstehen, als jemand, der einen beliebigen, weit entfernten, Dialekt spricht. So ist dem ausschließlichen *fuṣḥā*-Kenner das Verb „راح, يريح" (*rāḥa, yarīḥu*) gänzlich unbekannt, während ein Sprecher jedweden Dialektes das obige Verb im täglichen Gebrauch für „gehen" benutzt – ein „*Pandialektalismus*". Da die arabische Diglossie impliziert, dass das Hocharabische niemandes Muttersprache ist und somit kein arabischer Muttersprachler ausschließlich die Hochsprache beherrscht, würde diese Situation lediglich bei Sprechern des Arabischen als erlernte Fremdsprache eintreten. In diesem Sinne ist es für die arabische Interkomprehension bei Sieb 1 vonnöten, zwischen Wörtern bzw. Panarabismen, die unter ausschließlichen *fuṣḥā* -Sprechern, und welchen, die unter Sprechern eines (oder mehrerer) Dialekte sofort verständlich sind, zu unterscheiden.

Zudem sind die Internationalismen bzw. deren Verständnis je nach Ländern und etwaiger kolonialer Vergangenheit sehr divergent. Weitere Faktoren, wie z. B. Bildung spielen v. a. bei Sieb 1 eine erhebliche Rolle, aber dies natürlich nicht nur im arabischen Kontext.

Obwohl viele Wörter bei der Analyse des algerischen Textes durch den 6. Schritt, dem Sieb der Morphosyntax, (wenn auch nur teilweise), erschlossen werden konnten, ist ein Sieb zur Morphologie, da es bereits eines lediglich zur Syntax gibt (Sieb 5), im arabisch-semitischen Kontext kritisch zu betrachten. In diesem Schritt geht es darum, die einzelnen Wörter durch minutiöse Untersuchung ihrer kleinstmöglichen Bestandteile, den Morphemen, greifbar und verständlich zu machen – indes sind die kleinstmöglichen Bestandteile aller Wörter semitischen Ursprungs keine Morpheme, also im Grunde genommen bedeutungstragende Silben, sondern Radikale, also einzelne Konsonanten, die in einer bestimmten, unveränderlichen Reihenfolge stehend eine Bedeutung tragen und anschließend mit Vokalen versehen und in bestimmte Muster eingesetzt werden. In diesem Sinne verfügt das Arabische ebenfalls nicht über Prä- und Suffixe, anhand derer eine weitere Strategie zur Erschließung unbekannter Wörter ausgemacht werden könnte, wodurch das siebte Sieb, zumindest nach germanistischer Auslegung, völlig wegfallen könnte. Folglich ist auch Sieb 6 in einem semitischen Rahmen nicht wirklich passend oder hilfreich – es würde sich z. B. anbieten, das Sieb der Morphosyntax mit dem Sieb der Prä- und Suffixe zu einem semitisch-spezifischen Sieb der Wurzel- bzw. Radikalanalyse zu fusionieren. Ein weiterer Vorschlag wäre etwa, das 6. Sieb, so wie von Hufeisen und Marx beschrieben, zur Untersuchung von „Konjugationsformen, Komparationsformen, Pluralbildung und d[er] Verwendung des Artikels“[24] zu verwenden – „Morpheme“, wie etwa beim obigen Beispiel „نغسل“ (*nigsil*) (s. Sieb 6), sind im Arabischen besonders in der Konjugation sehr produktiv – und lediglich das 7. Sieb in einen Radikale und Wurzelstrukturen analysierenden Schritt umzuwandeln.

Des Weiteren trägt die akribische, detailreiche Vorgehensweise der *Sieben Siebe* dazu bei, dass viele Schritte bzw. Siebe sich in mehrerlei Hinsicht überschneiden und deren Unterscheidung und somit die Zuordnung von einzelnen Begriffen zu den Sieben oftmals uneindeutig wird. Oftmals ist es schwierig sich bei einem Begriff, wie z. B. „وين“ (*wēn/wīn*), der eine Lautentsprechung zur bekannten (hocharabischen) Form vorweist und diese notiert, also *graphisch* dargestellt, wird, zwischen Sieb 3 und Sieb 4 zu entscheiden. Generell passen häufig Wörter in zwei oder gar mehr Siebe (z.B.: „طابلة“ (*ṭabla*) als Panarabismus und Internationalismus, aber auch als Beispiel für eine Lautentsprechung bzw. eine Graphie), was zwar für die Ausführlichkeit des Verfahrens spricht, aber die Frage aufwirft, inwiefern der Begriff mehrmals erläutert werden soll bzw. ob nicht gar eine andere Herangehensweise als die schritt- und siebweise Erschließung der einzelnen Wörter in Anbetracht zu ziehen wäre. Es könnten etwa eben nicht die einzelnen Wörter zu den schrittartig aufgeführten Sieben zugeordnet werden, sondern die Siebe den im Verlauf des Textes auftretenden, zu erschließenden, Begriffe.[25]

Fernab des oben erwähnten Bedarfs einer Spezifizierung von Sieb 1, wäre es empfehlenswert die Definition von Fremdwörtern und Internationalismen genauer zu definieren: „طابلة“ (*ṭābla*) (Z. 4) ist, obgleich der phonetischen Ähnlichkeit zum französischen Äquivalent „*table*“, in erster Linie als algerische Variante vom hocharabischen „طاولة“ (*ṭāwila*) geläufig – dass „طاولة“ allerdings selbst lateinischen bzw. romanischen Ursprungs (lat.: *„tabula“ – Tisch*) ist weniger bekannt. Sollte man „طابلة“ bzw. „طاولة“ aber dennoch als Internationalismus gelten lassen, wenn es doch mit großer Wahrscheinlichkeit nicht der französischen Kolonialzeit entstammt, sondern eines viel entfernteren Ursprungs? Gibt es demnach etwa ein Altersbegrenzung für *Internationalismen*? Und sollte man einen solchen Internationalismus mit Lautentsprechung (s. Sieb 4) also nochmal in dem jeweiligen Sieb aufgreifen?

---

[24] Hufeisen u. Marx 2007, S.11

[25] Dieser Ansatz würde jedoch dem eigentlichen Prinzip dieser Methode, dem des einmaligen Erschließens eines Wortes bei erstmaligem Auftreten, widerwirken und ist daher lediglich als Gedankenanstoß und Ausblick gedacht.

5. Zusammenfassung – Chancen, Perspektiven, Ausblicke

Trotz der in 4. erläuterten Kritik an der Methode der *Sieben Siebe*, sowohl im bereits existierenden indoeuropäischen, als auch im neuen, arabischen Kontext, bin ich dennoch der Überzeugung, dass dieses Verfahren zur Erschließung arabischer Dialekte durchaus sinnvoll ist.

Während die meisten romanische Sprachen (nicht nur) in romanischsprachigen Ländern an Schulen erlernt werden, Russisch ebenfalls in vielen slavischsprachigen Ländern auf dem Schullehrplan steht und beim Erlernen einer skandinavischen Sprache gleich alle weiteren mitgelernt werden[26], ist das Erlernen eines unbekannten arabischen Dialektes als arabischer Muttersprachler beinahe inexistent. Die Idee hinter den *Sieben Sieben* ist tatsächlich nicht als Schlüssel zum sofortigen Verstehen und Erlernen einer Sprache, sondern als Werkzeug zur passiven Beherrschung einer Sprache durch erleichtertes Hör- und Leseverständnis, zu verstehen – dies erfordert in erster Linie Kontakt und Kommunikation. Des Weiteren ist es wichtig zu erkennen, dass es sich bei dieser Methode und der Zuordnung von Wörtern in einzelne Siebe um eine individuelle Wahrnehmung handelt, die von den Sprachkompetenzen des/r Lesers/in und vielen weiteren Faktoren abhängig ist. Die größten Meinungsverschiedenheiten können hierbei etwa bei Sieb 1 auftreten, je nachdem welche Sprachen bekannt sind und ob bekannte Wörter im neuen Kontext überhaupt erkannt werden. Obwohl stereotypische Merkmale über die meisten Dialekte bekannt sind und sie für Muttersprachler in der Regel ad hoc identifizierbar sind, fehlt in den allermeisten Fällen ebenjene Affinität und passive Beherrschung, welche eben nicht erlernt werden muss, sondern durch Austausch entsteht. Der ägyptische Dialekt fungiert hierbei durch seine jahrzehntelange flächendeckende Präsenz in den arabischen Medien als Ausnahme. Wo doch das Hocharabische als *lingua franca* des arabischen Raumes gilt, ist es dennoch überraschend häufig der Fall, dass (zumeist gebildete) Sprecher zweier unterschiedlicher Dialekte zum Englischen oder Französischen wechseln. Meiner Meinung nach ist es vonnöten, Dialekten mehr Aufmerksamkeit, mehr Relevanz und mehr Ernsthaftigkeit zu schenken.

---

[26] So lautet z. B. ein Pflichtmodul des BA Skandinavistik der Universität Erlangen „Interskandinavische Studien". Aus dem Modulhandbuch: „Lern- bzw. Methodenkompetenz: Fähigkeit, Texte anderer skandinavischer Sprachen zu verstehen. Anwendung bzw. Kenntnis grundlegender Regeln und Begriffe, um Unterschiede und Ähnlichkeiten zwischen den skandinavischen Sprachen zu erkennen und zu beschreiben". https://meinstudium.fau.de/wp-content/uploads/2019/07/Modulhandbuch_Skandinavistik_ab_WS_2018-19-1_neu.pdf (02.03.2020, 11:20 Uhr)

Im europäischen Raum finden sich fernab der Projekte Eurocomrom, Eurocomger und Eurocomslav steigend mehr Initiativen; im romanischen Kontext fungiert etwa die Website http://www.unilat.org/DPEL/Intercomprehension/Itineraires_romans/fr auf welcher man Alltagsfloskeln der romanischen Standardsprachen auf spielerische Weise erlernen kann. Ein solches Beispiel ist in dieser oder auch in ähnlicher Form, wie etwa als Sprachlernapp, als interdialektaler Podcast, als „Dialektwettkampf“[27] oder Talkshow und auf viele weitere Weisen ebenfalls im arabischen Kontext vorstellbar, umsetzbar und sinnvoll. Des Weiteren kann eine Sensibilisierung arabischer Dialekte etwa auf diese, oder auch auf theoretischere, eben durch die *Sieben Siebe* inspirierte Weise, bereits im Schulunterricht erfolgen; so ähnlich wie in Deutschland Grundkenntnisse des Englischen und Französischen spielerisch bereits in der Grundschule vermittelt werden, oder etwa beim Lernen einer skandinavischen Sprache durch Methoden wie die *Sieben Siebe* auch die weiteren skandinavischen Sprachen parallel erlernt werden.

[27] Ein solches Konzept arbeitet u. a. Fahad Sāl aus: https://www.youtube.com/user/MrFahadSalBlog/playlists (22.11.19, 11:22 Uhr)

6. Literaturverzeichnis

Brustad, Kristen E.: *The syntax of spoken Arabic*; Georgetown University Press, Washington D. C.; 2000

Drißner, Gerald: Arabic for Nerds; Amazon Distribution GmbH, Leipzig; 2015

Dziri, Larbi: *L'arabe parlé algérien par le son et par l'image (I-IV)*; Librairie d'Amérique et d'Orient Adrien Maisonneuve; 1970

Hufeisen, Britta; Marx, Nicole: EuroComGerm – Die Sieben Siebe: Germanische Sprachen lesen lernen; Shaker Verlag, Düren; 2007

Klein, Horst G. u. Stegmann, Tilbert D.: EuroComRom – Die Sieben Siebe – Romanische Sprachen sofort lesen können; Shaker Verlag, Düren; 2000

Wehr, Hans: *Arabisches Wörterbuch für die Schriftsprache der Gegenwart*; Harrassowitz Verlag, Wiesbaden; 1985

Internetquellen

https://dictionnaire.reverso.net/arabe-francais (22:55 Uhr, 02.10.19)

https://www.arabdict.com

https://glosbe.com/arq/fr

https://archive.org/stream/dictionnairefran00abaluoft#page/n35/mode/2up (23:49 Uhr, 02.10.19)

https://de.wikipedia.org/wiki/DIN_31635

https://archive.org/details/Dict_Wehr.pdf

https://orta.pagesperso-orange.fr/arabe/grammaire/dico-grammaire.htm (10.10.19, 00:36 Uhr)

http://eurocomgerm.de/ (19.11.19, 11:30 Uhr)

http://conjugator.reverso.net/conjugation-arabic.html (19.11.19, 11:38 Uhr) https://www.shaker.de/de/content/catalogue/Element.asp?ID=&Element_ID=53935&Mode=PageFrame (19.11.19, 12:11 Uhr)

https://de.wikipedia.org/wiki/EuroCom (19.11.19, 12:28 Uhr)

https://www.youtube.com/user/MrFahadSalBlog/playlists (22.11.19, 11:22 Uhr)

http://www.cea.ulg.ac.be/eurocomgerm/eurocom/index.php (24.11.19, 20:34 Uhr)

https://meinstudium.fau.de/wp-content/uploads/2019/07/Modulhandbuch_Skandinavistik_ab_WS_2018-19-1_neu.pdf (02.03.2020, 11:20 Uhr)

https://fr.wikipedia.org/wiki/Arabe_alg%C3%A9rien (02.03.20202, 12:05 Uhr)

http://www.unilat.org/DPEL/Intercomprehension/Itineraires_romans/fr (04.03.2020, 13:43 Uhr)